Парамаханса Йогананда
(1893–1952)

Предвестник новой расы

Тара Мата

Неформальные лекции и эссе, публикуемые в серии «Искусство жить» (*"How-to-Live" Series*), впервые появились в журнале *Self-Realization*, издаваемом обществом Self-Realization Fellowship. Подобные материалы также содержатся в различных сборниках и аудио- и видеозаписях SRF. Серия «Искусство жить» была создана по многочисленным просьбам наших читателей, желавших иметь под рукой карманные брошюры, освещающие различные аспекты учений Парамахансы Йогананды. Данная серия публикаций содержит духовные наставления Шри Йогананды и его ближайших учеников, монахов и монахинь ордена Self-Realization Fellowship, многие из которых долгие годы обучались у признанного во всем мире духовного учителя. Время от времени эта серия пополняется новыми публикациями.

Название англоязычного оригинала, издаваемого
обществом Self-Realization Fellowship, Лос-Анджелес, Калифорния:
A Forerunner of the New Race

ISBN: 978-0-87612-355-3

Перевод на русский язык: Self-Realization Fellowship

Copyright © 2025 Self-Realization Fellowship

Все права защищены. Без предварительного разрешения Self-Realization Fellowship перепечатка (за исключением кратких цитат для рецензий) и распространение книги «Предвестник новой расы» (*A Forerunner of the New Race*) в любой форме — электронной, механической или любой другой, существующей сегодня или в будущем, включая фотокопирование, звуковую запись или хранение ее в информационных и принимающих системах — является нарушением авторских прав и преследуется по закону. За справками обращайтесь по адресу: Self-Realization Fellowship, 3880 San Rafael Avenue, Los Angeles, California 90065-3219, USA

 Авторизовано Международным издательским советом
Self-Realization Fellowship

Название общества Self-Realization Fellowship и его эмблема, помещенная выше, присутствуют на всех книгах, аудио- и видеозаписях, а также других публикациях SRF, удостоверяя читателя, что он имеет дело с материалами организации, которая основана Парамахансой Йоганандой и передает его учения точно и достоверно.

Первое издание на русском языке, 2025
First edition in Russian, 2025
Издание 2025 года
This printing 2025

ISBN: 978-1-68568-246-0

1566-J8785

Существует Сила, способная осветить ваш путь к здоровью, счастью, покою и успеху. Вам нужно лишь обратиться лицом к этому Свету.

— Парамаханса Йогананда

Предвестник новой расы

Тара Мата

Вскоре после встречи с Парамахансой Йоганандой в 1924 году Тара Мата написала нижеприведённую статью о «господине», который прошёл через благословенный опыт космического сознания. Несмотря на то, что в этой статье она смиренно избегает отождествления с главным героем повествования, описанный здесь опыт она пережила лично.

Те, кто читал «Космическое Сознание» доктора Бёкка и «На пути к демократии» Эдварда Карпентера[1], знают: эти авторы верили, что космическое сознание естественным образом присуще каждому человеку, а у будущих представителей человеческой расы этот атрибут будет уже с рождения развит в значительной степени, а не будет пребывать в дремлющем состоянии, как сейчас. Бёкк считает, что, поскольку человек прошёл в своём развитии от примитивного сознания, свойственного царству животных, до самосознания, присущего исключительно человеку и отмеченного

---

[1] Ричард Морис Бёкк — терапевт, навещавший Уолта Уитмена в последние годы жизни поэта (в 1873 году того разбил паралич). Позднее доктор Бёкк написал биографию Уитмена, прежде всего с целью преподнести поэта как сверхчеловека, а также выступил редактором нескольких томов его писем и литературных заметок.

развитием языка, он рано или поздно достигнет более высокого состояния, отличительной чертой которого является космическое, то есть универсальное, разумение.

Бёкк настаивает, что растущее количество людей, достигших той или иной стадии космического сознания за последние несколько веков, является подтверждением того, что они идут в авангарде предвестников новой расы. В числе людей, которые, по мнению Бёкка, в той или иной степени развили в себе космическое восприятие — по крайней мере за последние несколько веков, — были Иоанн Креста, Фрэнсис Бэкон, Якоб

> Британский писатель Эдвард Карпентер после окончания Кембриджского университета принял духовный сан и служил викарием в церкви Кембриджа. Он был немало озабочен положением дел в обществе и церкви, а прочтение в 1868 (по некоторым данным — в 1869) году поэтического сборника «Листья травы» и трактата «Демократические дали» полностью переменило его взгляды: его «мыслью потянуло на Запад, к иным берегам Атлантики». В 1874 году он оставил Кембридж, чтобы искать единения с природой, однако обстоятельства его жизни тому не благоприятствовали. Первой его успешной публикацией стала поэма «На пути к демократии», которая привлекла внимание многих мыслителей того времени. В 1884 году, спустя год после публикации этой работы, он направился в Соединённые Штаты, где стал проводить некоторое время с Уитменом, а также познакомился с Лоуэллом, Эмерсоном и другими мыслителями. По возвращении в Англию вёл по большей части затворнический образ жизни, при этом интерес к личности поэта со стороны единомышленников не угасал до самой его смерти.

Бёме, Блез Паскаль, Спиноза, Сведенборг, Уильям Блейк, Уильям Вордсворт, Александр Пушкин, Оноре де Бальзак, Эмерсон, Теннисон, Торо, Уолт Уитмен, Эдвард Карпентер и Рамакришна.

Нет сомнений в том, что, помимо этих прославленных личностей, каждая из эпох порождает сотни никому не известных мужчин и женщин, вознёсшихся до определённой стадии космического сознания. Я ничуть не сомневаюсь, что послание Self-Realization Fellowship — общества, основанного Парамахансой Йоганандой — в этом столетии позволило сотням (возможно, даже тысячам) учеников по всему миру освоить техники медитации и получить представление о том, что такое божественное сознание. Некоторые из этих учеников продвинулись ещё дальше и взошли на высокие пьедесталы озарения. У нас есть конкретный пример того, как космическое восприятие развивается во всё большем количестве людей, прокладывая путь для великой человеческой расы будущего.

Вполне целесообразно будет привести здесь небольшую выдержку из книги Бёкка:

«Прямой контакт с потоком космического сознания приведёт к тому, что все распространённые сегодня религии исчезнут. Людские души в корне изменятся. Религия будет оказывать преобладающее воздействие на человеческую расу. Её не будут придерживаться или не придерживаться.

Она не будет просто лишь частью жизни, она не будет практиковаться только в какие-то определённые часы, промежутки времени или памятные даты. Её не будет ни в священных книгах, ни в устах проповедников. Она не будет пребывать в церквях, на собраниях, не будет иметь формы или ограничена днями. Она не будет жить в молитвах, церковных гимнах или проповедях. Она не будет опираться на какие-то особые откровения, на высказывания богов, снизошедших с небес, чтобы проповедовать, на какую-либо Библию или Библии. У неё не будет миссии избавить людей от грехов или обеспечить им пропуск в рай. Она не будет проповедовать посмертную вечную жизнь и посмертное блаженство, ибо вечная жизнь и блаженство будут существовать здесь и сейчас. Свидетельство вечной жизни будет жить в каждом сердце, в каждом взгляде. Не будет никаких сомнений относительно существования Бога и вечной жизни, подобно тому, как нет у нас сомнений относительно бытия как такового, — это будет столь же очевидно. Религия будет обусловливать каждую минуту каждого дня жизни. Церкви, священники, формы религии, вероисповедания, молитвы, все вспомогательные средства и все посредники между индивидуумом и Богом будут навеки замещены прямым контактом, которому неведомы искажения. Греха как такового не будет, не будет и стремления обрести спасение. Люди не будут тревожиться о смерти и о будущем, о царстве небесном, о том, что с ними произойдёт, когда их нынешнее тело прекратит своё существование. Каждая душа будет чувствовать и осознавать собственную бессмертность, она будет чувствовать и осознавать, что вся Вселенная со всеми её благами и красотами существует для неё и будет принадлежать ей вечно. Мир, населённый людьми, обладающими Космическим Сознанием, будет так же сильно отличаться от современного, как сегодня он отличается от тех времён, когда ещё не было самосознания... Мы ещё только начинаем порождать эту новую расу, а в ближайшем будущем она заполонит весь мир».

Точный метод обретения прямого контакта с Богом

Уже сам факт существования техники обретения космического сознания — например, такой техники, которой обучает Self-Realization Fellowship — является доказательством того, что космическое восприятие заложено в каждом человеке с рождения — нужна лишь определенная подготовка, чтобы это восприятие развить. Большинство людей полагает, что божественное знание доступно лишь избранным и что средний человек не может выйти за рамки своей «веры» и стать ближе к Богу. Осознание того факта, что существует точный метод обретения прямого контакта с Богом — техника, которую может практиковать любой человек в любых обстоятельствах, — стало для ряда учеников

Self-Realization Fellowship настоящим откровением, они словно пережили второе рождение.

Я знаю об одном таком случае — о господине, который, вняв посланию Самореализации, тут же погрузился в космическое сознание. Он был единственным таким известным мне человеком, не считая самого Парамахансу Йогананду, — хотя я слышала и о других учениках Self-Realization Fellowship, которые прошли через более-менее похожие переживания.

Этот господин был глубоко религиозен и живо интересовался духовностью. Он был хорошо начитан в священных писаниях мира, особенно в писаниях индуизма, но при этом понимал, что его познания сухи и бесплодны, они не утоляют внутренней жажды его души. Он хотел не просто читать о духовной пище, а вкушать её. Под рутиной его повседневной жизни зияла бездна отчаяния: он считал, что достоин прямого контакта с Богом, а такого переживания у него ещё не было. В конце концов он начал сомневаться — но не в Боге, а в возможности когда-либо воспринять Его не только на уровне интеллекта. Эта навязчивая идея подрывала его жизнь, делая её никчёмной и бессмысленной.

И тут в ночной тьме его души воссиял свет Самореализации. Посетив несколько публичных лекций Парамахансы Йогананды и ещё даже не сходив ни на одно занятие, этот господин почувствовал, как с его сердца спало тяжкое бремя отчаяния. Однажды вечером, вернувшись домой с заключительной публичной лекции, он преисполнился великого внутреннего покоя. Он почувствовал, что в глубине своего существа стал совершенно другим человеком. В тот момент что-то побудило его посмотреть в зеркало — вероятно, он надеялся увидеть там себя обновлённого. В отражении, однако, он увидел не себя, а лик Парамахансы Йогананды, лекцию которого он посетил этим вечером. В душе его открылись шлюзы радости, его захлестнули волны неописуемого блаженства. То, что до этого казалось лишь словами: блаженство, бессмертие, вечность, истина, божественная любовь — во мгновение ока стало центром его существа, сутью всей его жизни, единственной реальностью. Осознание того, что эти бездонные неиссякаемые родники радости струятся в каждом сердце; что в основе смертной человеческой жизни стоит жизнь нетленная; что эта вечная всеохватывающая любовь обволакивает, питает и управляет каждой частицей, каждым атомом мироздания, переполнило его чувством уверенности, неземной убеждённости, которое наводнило всё его существо восторженностью и благодарностью.

Он *знал*, причём не только умом, но и сердцем и душой, каждой молекулой своего тела. Величие и радость этого открытия были столь обширны, что даже целые века, тысячелетия, бесчисленные эоны страданий казались ему ничтожнейшим условием для обретения такого блаженства. Грех, печаль, смерть — всё это превратилось для него в простые слова, слова, утратившие всякий смысл, слова, затерявшиеся в радости, словно мелкая рыбёшка — в бескрайних морских просторах.

Физиологические перемены

На первой стадии этого озарения, а также на протяжении следующих нескольких недель он ощущал, как проходит через ряд внутренних физиологических изменений. Казалось, его мозг преображался на молекулярном уровне, словно там пробудилась доселе неведомая область клеток, и это было самым поразительным изменением. Он сознавал этот процесс непрестанно, и днём, и ночью. Создавалось впечатление, будто какая-то электрическая дрель просверливает в нём новые клеточные каналы мыслей. Этот феномен красноречиво подтверждает теорию Бёкка о том, что космическое сознание является неотъемлемым атрибутом человека; он доказывает, что соответствующие клетки мозга уже наличествуют в человеке, пусть даже изначально они неактивны у большинства людей.

Другое важное изменение ощущалось в позвоночном столбе. В течение нескольких недель весь его позвоночник был словно стальным: когда он садился медитировать, он чувствовал, что окончательно укоренился в Боге, что может неподвижно сидеть на месте целую вечность, совсем не воспринимая телесных процессов. Временами он ощущал наплыв сверхчеловеческой силы, казалось, целая Вселенная покоится на его плечах. В его венах струился эликсир жизни, нектар бессмертия — ощутимая сила, которая воспринималась как ртуть или даже текучий электрический свет.

Все эти недели он не чувствовал потребности в пище и сне; тем не менее, он сумел приспособить свою внешнюю жизнь к быту домочадцев, так что ел и спал он в то же время, что и его семья. Вся еда казалась ему чистым Духом, а во сне он покоился в «объятьях вечных», пробуждаясь навстречу неописуемой, невыразимой радости.

До того он страдал от хронического насморка, теперь же его тело было исцелено от всех болезней. Его семья и друзья обратили внимание на то, как сильно изменился его внешний вид и поведение; его лицо сияло лучезарным светом, в глазах его блистали озёра радости. Незнакомцы то и дело вступали с ним в дискуссию, будучи околдованы какой-то неземной симпатией. В трамвае дети садились к нему на колени, звали к себе в гости.

Он ощущал, что вся Вселенная купается в море любви, много раз он говорил себе: «Наконец я познал *настоящую* Любовь! По сравнению с Божьей любовью даже самое возвышенное человеческое чувство представляется ничтожным. Это вечная любовь, нерушимая любовь, всеудовлетворяющая любовь!» Он знал, что эта Любовь созидает Вселенную и поддерживает в ней жизнь, и что всем — как людям, так и неразумным существам — предназначено познать эту Любовь, это вечное блаженство, являющее собой саму сущность жизни. Он чувствовал, как ширится его сознание, а разумение бесконечно растёт, затрагивая всё мироздание и приковывая к себе все объекты и мысли. «Центр везде, окружность нигде» — так он себя воспринимал.

Атомный танец природы

Воздух, что он вдыхал, был дружелюбным, благосклонным, пропитанным осознанием жизни. Он чувствовал, что весь мир стал его домом, что ни в одном месте он не может быть чужаком, что горы, море, далёкие неведомые земли столь же близки ему, сколь и родной дом отрочества. Куда бы он ни направил свой взгляд, он зрел «атомный танец» природы; воздух был наполнен мириадами движущихся лучиков света.

В течение этих нескольких недель он продолжал исполнять свои повседневные обязанности, но делал это с доселе неведомой скоростью и эффективностью. Из-под печатной машинки стремительно вылетали листы с текстом, в котором не было ни единой ошибки; на выполнение заданий затрачивалась лишь четверть привычного времени. Утомление было ему неведомо, работал он с ощущением счастья, беззаботно — словно играл в детские игры. Встречаясь или созваниваясь с клиентами, он преисполнялся внутренней радости, которая придавала каждому действию и каждому обстоятельству глобальный смысл, ибо все эти люди, этот телефон, этот стол, этот голос были не чем иным, как Богом, прячущим Свой лик за очередной чарующей маской.

Бывало, на него прямо посреди рабочего дня нисходила благость Бога, даровавшего ему это неописуемое счастье. В такие моменты его дыхание останавливалось, а благоговение сопровождалось чувством абсолютного покоя внутри и вовне. Его сознание было исполнено безграничной, неописуемой благодарности и желания поведать людям о радости, что таится внутри каждого, но превыше всего было божественное осознание того, что все мировые события естественным образом ведут человека к его конечной цели — космическому сознанию, бесконечному блаженству.

В таком состоянии озарения он пребывал примерно в течение двух месяцев, после чего оно постепенно угасло. Несмотря на то, что оно утратило свою изначальную силу, его всё же посещало чувство божественного покоя и радости всякий раз, когда он практиковал техники медитации Self-Realization Fellowship.

Нетрудно предположить, что, как утверждает доктор Бёкк, человеческая раса, обладающая этим атрибутом космического сознания, способна в кратчайший срок превратить нашу землю в рай, в планету Христосов и Будд, в путеводную звезду кружащейся в пространстве Вселенной.

Об авторе

Тара Мата была прямой ученицей Парамахансы Йогананды в течение более сорока пяти лет, членом совета директоров Self-Realization Fellowship/Yogoda Satsanga Society of India, вице-президентом SRF, а также главным редактором всех изданий SRF/YSS.

О Парамахансе Йогананде
(1893–1952)

«В жизни Парамахансы Йогананды в полной мере проявился идеал любви к Богу и служения человечеству... Хотя большую часть своей жизни Йогананда провёл за пределами Индии, он тем не менее занимает особое место среди наших великих святых. Его работа продолжает приносить свои плоды и сияет все ярче, привлекая людей всего мира на путь духовного паломничества».

— из сообщения индийского правительства, посвященного выпуску памятной марки в честь Парамахансы Йогананды

Парамаханса Йогананда родился в Индии 5 января 1893 года. Он посвятил свою жизнь служению людям всех рас и вероисповеданий, помогая им осознать и полнее выразить в своей жизни истинную красоту, благородство и божественность человеческого духа.

По окончании Калькуттского университета в 1915 году Парамаханса Йогананда принял обет монаха древнего индийского монашеского ордена Свами. Двумя годами позже он приступил к главному труду своей жизни — духовному наставничеству, основав йогическую школу («how-to-live» school). Сегодня во всей Индии уже насчитывается двадцать одно учебное заведение такого рода, где традиционные школьные предметы сочетаются с практикой йоги и воспитанием духовных идеалов. В 1920 году его пригласили на Международный конгресс религиозных либералов в Бостоне в качестве представителя от Индии. Его выступление на конгрессе и последовавшие за ним лекции в городах Восточного побережья США были приняты с огромным энтузиазмом, и в 1924 году он отправился в трансконтинентальное лекционное турне.

На протяжении трех последующих десятилетий Парамаханса Йогананда вносил неоценимый вклад в распространение на Западе теоретических и практических знаний о духовной мудрости Востока. В 1920 году он основал религиозную организацию, объединяющую людей разных конфессий, — общество Self-Realization Fellowship — и разместил ее главный международный центр в Лос-Анджелесе. Написав множество трудов, совершив ряд больших лекционных турне и основав многочисленные храмы и медитационные центры SRF, он сумел познакомить тысячи искателей истины с древней философией йоги и ее универсальными методами медитации.

В наши дни его духовная и гуманитарная работа продолжается под руководством брата Чидананды, президента Self-Realization Fellowship/Yogoda Satsanga Society of India. Помимо издания письменных трудов Парамахансы Йогананды, его лекций, неформальных бесед и всеобъемлющей серии *Уроков Self-Realization Fellowship*, общество курирует работу храмов, ретритов, медитационных центров и монашеских общин Self-Realization Fellowship, а также Всемирного круга молитвы.

Освещая в своей статье жизнь и труд Парамахансы Йогананды, доктор наук и профессор кафедры древних языков в колледже Скриппс Куинси Хау-младший написал о нем следующее: «Парамаханса Йогананда принес из Индии не только вечную надежду на постижение Бога, но и практический метод, при помощи которого духовные искатели разных толков могут быстро продвигаться к этой цели. Духовное наследие Индии, первоначально признанное на Западе лишь на уровне чего-то возвышенного и абстрактного, стало доступным в наше время в виде практического опыта для всех тех, кто стремится познать Бога — не по ту сторону, а здесь и сейчас… Самый возвышенный метод созерцания Йогананда сделал доступным для всех».

Глоссарий

Аватар (avatar). От санскр. *avatara* («нисхождение»); тот, кто обретает единство с Духом, а затем возвращается на землю, чтобы помогать человечеству.

Астральный мир (astral world). Тонкая сфера света и энергии, лежащая в основе физического мира. Каждое существо, каждый предмет, каждая вибрация в физическом мире имеет своего астрального двойника, поскольку астральный мир («небеса») содержит в себе энергетическую копию физического мира. Более подробное описание астрального и еще более тонкого каузального (идеального) мира можно найти в 43-й главе книги Парамахансы Йогананды «Автобиография йога».

Аум (Ом) (Aum, Om). Санскритское корневое слово-звук, символизирующее тот аспект Всевышнего, который творит все сущее и поддерживает в нем жизнь; основа всех звуков; Космическая Вибрация. У тибетцев ведический *Аум* стал священным словом *Хам*; у мусульман — *Амин (Аминь)*; у египтян, греков, римлян, иудеев и христиан — *Аминь*. Мировые религии утверждают, что все сотворенное рождается в космической вибрационной энергии *Аум* (Аминь, Слово, Святой Дух). «В начале было Слово, и Слово было у Бога, и Слово было Бог… Все чрез Него начало быть, и без Него ничто не начало быть, что начало быть» (Ин. 1:1, 3).

Ашрам (ashram). Духовная обитель, часто — монастырь.

Бхагавад-Гита (Bhagavad Gita). «Песнь Господня»; древнее священное писание Индии, часть эпического сказания «Махабхарата». Представленная в форме диалога между *аватаром* Господом Кришной и его учеником Арджуной накануне исторической битвы на Курукшетре, Бхагавад-Гита является глубоким трактатом о йоге — науке единения с Богом — и вечным рецептом счастья и успеха в повседневной жизни.

Бхагаван Кришна (Господь Кришна). *Аватар*, живший в Древней Индии за много веков до рождения Иисуса Христа. Его учение о Йоге представлено в священной Бхагавад-Гите. В индуистских писаниях слово «Кришна» имеет несколько значений, одно из которых — «Всеведущий Дух». Поэтому «Кришна», как и «Христос», — это духовный титул, обозначающий божественное величие *аватара*, его единство с Богом.

Гуру (Guru). Духовный учитель. *Гуру-гита* (стих 17) точно описывает гуру как «того, кто рассеивает тьму» (от *гу* — «тьма» и *ру* — «тот, кто рассеивает»). Зачастую так называют любого учителя или инструктора, что само по себе ошибочно. Истинный, просветленный гуру — это тот, кто обрел власть над самим собой и осознал свое тождество с вездесущим Духом. Только такой гуру обладает надлежащей духовной квалификацией для того, чтобы направлять богоискателя в его внутреннем духовном поиске.

Ближайшим эквивалентом термина *гуру* на английском языке выступает слово «Мастер». Именно его зачастую используют ученики при уважительном обращении к Парамахансе Йогананде или его упоминании.

Духовное око (spiritual eye). Единое око интуиции и вездесущего восприятия в центре Христа (*Кутастха*), расположенном в межбровье; врата в наивысшие состояния сознания. В глубокой медитации духовное, или «чистое», око можно узреть в виде сияющего золотого кольца, обрамляющего темно-синюю сферу, внутри которой горит яркая звезда. Этот всеведущий глаз упоминается в священных писаниях как «третий глаз», «звезда Востока», «внутренний глаз», «голубь, сходящий с небес», «глаз Шивы» и «глаз интуиции».

Иисус также говорил о духовном оке: «Светильник для тела есть око. Итак, если око твое будет чисто, то и все тело твое будет светло…» (Мф. 6:22).

Йога (от санскр. *уиj* — «единение») — единение индивидуальной души с Духом, а также методы, с помощью которых достигается это единение. Существуют различные методы йоги; Парамаханса Йогананда обучал *Раджа-йоге* — «царственной», или «совершенной», йоге, которая делает акцент на практике научных техник медитации. Мудрец Патанджали, выдающийся толкователь йоги, выделил восемь ступеней, ведущих практикующего *Раджа-йогу* к *самадхи* (единению с Богом), а именно: (1) *яма*, нравственное поведение; (2) *нияма*, соблюдение религиозных предписаний; (3) *асана*, правильная поза для достижения неподвижности тела; (4) *пранаяма*, контроль над *праной*, тонкими жизненными токами; (5) *пратьяхара*, самоуглубление; (6) *дхарана*, концентрация; (7) *дхьяна*, медитация; (8) *самадхи*, состояние сверхсознания.

Карма (karma). Последствия действий, свершенных в этой или в прошлых жизнях. Кармический закон есть закон действия и противодействия, причины и следствия, сеяния и пожинания. Каждый человек сам формирует свою судьбу своими мыслями и действиями. Та энергия, которую он сам — благоразумно или же по собственному неведению — приводит в действие, должна вернуться к нему как к своей исходной точке, подобно тому, как круг неизбежно замыкает самого себя. Понимание кармы как закона справедливости помогает освободить человеческий разум от обид на Бога и человека. Карма неотделима от человека и следует за ним от инкарнации к инкарнации — до тех пор, пока она не будет отработана или преодолена духовно. (См. *реинкарнация*.)

Космическое Сознание (Cosmic Consciousness). Абсолют; Дух за пределами мироздания. Этот термин также обозначает достигаемое в медитации состояние *самадхи* — единение с Богом как внутри вибрационного мироздания, так и за его пределами.

Крийя-йога (Kriya Yoga). Священная духовная наука, зародившаяся в Индии несколько тысячелетий назад. Будучи формой *Раджа-йоги*, она включает в себя продвинутые техники медитации, которые ведут к прямому контакту с Богом. Подробное описание *Крийя-йоги* дается в 26-й главе «Автобиографии йога», а получить саму технику могут ученики SRF, подписавшиеся на *Уроки Self-Realization Fellowship Lessons* и выполнившие определенные духовные требования.

Кришна (Krishna). См. *Бхагаван Кришна*.

Майя (maya). Заложенная в структуре мироздания космическая иллюзия, из-за которой Единое Целое представляется множеством. *Майя* — это принцип относительности, контрастности, двойственности, противоположности; это Сатана (ивр. — «противник») в Ветхом Завете. Шри Йогананда писал: «На санскрите слово *майя* буквально означает „измеритель"... *Майя* — это магическая сила в мироздании, из-за которой в Неизмеримом и Нераздельном возникает видимость ограничений и деления... Единственная функция Сатаны (то есть *майи*) в божественном замысле-игре (*лиле*) состоит в том, чтобы отвлекать человека от Духа к материи, от Реальности к ирреальному... *Майя* — это покров преходящих состояний в Природе, бесконечного рождения новых форм; это покров, который каждый человек должен отбросить, чтобы увидеть за ним Творца, неизменяемое Неизменное, вечную Реальность».

Парамаханса (Paramahansa). Титул духовного мастера, достигшего высшего состояния неразрывного единения с Богом. Только истинный гуру может присвоить этот титул своему достойному ученику. Свами Шри Юктешвар присвоил этот титул Парамахансе Йогананде в 1935 году.

Сатана (Satan). См. *майя*.

Самадхи (Samadhi). Духовный экстаз; опыт сверхсознания; в высшем смысле — единение с Богом как с высшей Реальностью, пронизывающей все сущее.

Самореализация (Self-realization). Парамаханса Йогананда дал следующее определение Самореализации как осознания своего истинного «Я»: «Самореализация — это знание телом, умом и душой, что мы едины с вездесущностью Бога и нам не нужно молиться о ней; что она не просто рядом с нами в каждый миг нашей жизни, но что вездесущность Бога — это наша собственная вездесущность и мы сейчас — такая же часть Бога, какой будем всегда. Нам нужно лишь усовершенствовать это знание».

Реинкарнация (Reincarnation). Теория реинкарнации подробно рассматривается в 43-й главе «Автобиографии йога» Парамахансы Йогананды. Там объясняется, что, согласно закону *кармы*, прошлые действия людей порождают определенные последствия, которые притягивают их обратно в материальный мир. Они возвращаются на землю жизнь за жизнью, чтобы проходить через переживания, являющие собой результат этих действий, и продолжать процесс духовной эволюции, чтобы в итоге постичь совершенство души и обрести единение с Богом.

Христово Сознание (Christ Consciousness). «Христос», или «Христово Сознание», суть спроецированное сознание Бога, имманентно присутствующее во всем мироздании. Оно же Единородный Сын в Библии, единственно чистое отражение Бога Отца во всем сущем. В индуистских священных писаниях оно называется *Кутастха Чайтанья*, а также *Тат* (космический разум Духа, пронизывающий все мироздание). Это то универсальное, единое с Богом Сознание, которое было проявлено в Иисусе, Кришне и других *аватарах*. Святые и йоги знают его как состояние *самадхи*, в котором сознание отождествляется с разумом каждой частицы мироздания; они ощущают Вселенную как свое собственное тело. См. *Троица*.

Я (Self). С заглавной буквы — *атман* (душа, божественная суть человека), со строчной — малое «я», то есть человеческая личность, эго. Высшее «Я» есть индивидуализированный Дух, чья истинная природа — вечно сущее, вечно сознательное, всегда новое Блаженство.

Книги Парамахансы Йогананды на русском языке

Издательство Self-Realization Fellowship

«Автобиография йога»

«Закон успеха»

«Вечный поиск»

«Как говорить с Богом»

«Почему Бог допускает зло»

«Метафизические медитации»

«Высказывания Парамахансы Йогананды»

«Научные целительные аффирмации»

«Быть победителем в жизни»

«Жить бесстрашно»

«Религия как наука»

«Внутренний покой»

«Там, где свет»

В издательстве «София» (www.sophia.ru) можно приобрести следующие книги:

«Автобиография йога»

«Бхагавадгита: Беседы Бога с Арджуной»

Другие издания Self-Realization Fellowship на русском языке

«Только любовь»
Шри Дайя Мата

«Как найти радость внутри себя»
Шри Дайя Мата

«Отношения между гуру и учеником»
Шри Мриналини Мата

«Проявление Божественного сознания в повседневной жизни»
Шри Мриналини Мата

Книги Парамахансы Йогананды на английском языке

Доступны напрямую у издателя:
Self-Realization Fellowship
3880 San Rafael Avenue • Los Angeles, California 90065-3219
Тел. +1 (323) 225-2471 • *Факс* +1 (323) 225-5088
www.srfbooks.org

Autobiography of a Yogi

Autobiography of a Yogi
(Аудиокнига, читает Сэр Бэн Кингсли)

The Second Coming of Christ:
The Resurrection of the Christ Within You
Комментарий-откровение изначального учения Христа

God Talks with Arjuna: The Bhagavad Gita
Новый перевод и комментарии

Man's Eternal Quest
Первый том собрания лекций, эссе и неформальных бесед Парамахансы Йогананды

The Divine Romance
Второй том собрания лекций, эссе и неформальных бесед Парамахансы Йогананды

Journey to Self-Realization
Третий том собрания лекций, эссе и неформальных бесед Парамахансы Йогананды

Wine of the Mystic:
The Rubaiyat of Omar Khayyam — A Spiritual Interpretation
Вдохновенный комментарий, проливающий свет на мистическую науку общения с Богом, на которую указывают таинственные образы «Рубайята»

Where There Is Light:
Insight and Inspiration for Meeting Life's Challenges

Whispers from Eternity
Собрание вдохновенных молитв Парамахансы Йогананды и его запечатленных переживаний во время общения с Богом в высших стадиях медитации

The Science of Religion

The Yoga of the Bhagavad Gita:
An Introduction to India's Universal Science of God-Realization

The Yoga of Jesus:
Understanding the Hidden Teachings of the Gospels

In the Sanctuary of the Soul:
A Guide to Effective Prayer

Inner Peace:
How to Be Calmly Active and Actively Calm

To Be Victorious in Life

Why God Permits Evil and How to Rise Above It

Living Fearlessly:
Bringing Out Your Inner Soul Strength

How You Can Talk With God

Metaphysical Meditations
Более трехсот вдохновенных медитаций и одухотворенных молитв и аффирмаций Парамахансы Йогананды

Scientific Healing Affirmations
Парамаханса Йогананда дает здесь глубокое объяснение принципу действия целительных аффирмаций

Sayings of Paramahansa Yogananda
Короткие истории, в которых запечатлены искренние, пронизанные любовью советы и наставления Парамахансы Йогананды всем тем, кто обращался к нему за духовным руководством

Songs of the Soul
Мистическая поэзия Парамахансы Йогананды

The Law of Success
В этой книге Парамаханса Йогананда объясняет динамические принципы достижения целей

Cosmic Chants
Слова и музыка к шестидесяти духовным песням на английском языке; также прилагается вводная статья о том, как духовное пение способствует общению с Богом

DVD (документальный фильм)

Awake:
The Life of Yogananda
Отмеченный наградами документальный фильм о жизни и работе Парамахансы Йогананды

Уроки Self-Realization Fellowship

Личные наставления и инструкции Парамахансы Йогананды по техникам йогической медитации и принципам духовной жизни

Если вы чувствуете тягу к познанию духовных истин, описанных в брошюре «Предвестник новой расы», мы предлагаем вам подписаться на *Уроки Self-Realization Fellowship* (*Self-Realization Fellowship Lessons*).

Парамаханса Йогананда разработал эту серию уроков для домашнего обучения с той целью, чтобы искренние искатели имели возможность самостоятельно изучать и практиковать древние йогические техники медитации, которые он представил Западу, — включая науку *Крийя-йоги*. *Уроки SRF* содержат, помимо прочего, практическое руководство по обретению сбалансированного физического, психологического и духовного благополучия.

Уроки Self-Realization Fellowship распространяются за символическую плату, чтобы покрыть расходы по печати и отправке материалов по почте. Все обучающиеся могут рассчитывать на бесплатную консультацию по практическим аспектам уроков со стороны монахов и монахинь общества Self-Realization Fellowship.

Если вы желаете знать больше…

Пожалуйста, посетите веб-сайт www.srflessons.org, чтобы запросить брошюру с исчерпывающей информацией по *Урокам SRF*.

Другие брошюры серии «Искусство жить»

Парамаханса Йогананда

Answered Prayers
Focusing the Power of Attention for Success
Harmonizing Physical, Mental, and Spiritual Methods of Healing
Healing by God's Unlimited Power
How to Cultivate Divine Love
How to Find a Way to Victory
Remolding Your Life
Where Are Our Departed Loved Ones?
World Crisis

Шри Дайя Мата

How to Change Others
Overcoming Character Liabilities
The Skilled Profession of Child-Rearing

Шри Мриналини Мата

The Guru-Disciple Relationship

Брат Анандамой

Closing the Generation Gap
Spiritual Marriage

Брат Бхактананда
Applying the Power of Positive Thinking

Брат Премамой
Bringing Out the Best in Our Relationships With Others

Парамаханса Йогананда
«Автобиография йога»

Эта знаменитая автобиография представляет собой блестящий портрет одного из величайших духовных деятелей нашего времени. Подкупая своей искренностью и неподражаемым чувством юмора, Парамаханса Йогананда ярко описывает вдохновляющие события своей жизни: неординарные переживания детства; встречи с мудрецами и святыми в пору юношества, когда он ездил по Индии в поисках просветленного учителя; десять лет духовного обучения в ашраме под руководством глубоко почитаемого мастера йоги и тридцать лет духовного наставничества в Америке. Он также запечатлел свои встречи с Махатмой Ганди, Рабиндранатом Тагором, Лютером Бербанком, католической стигматисткой Терезой Нойман и другими знаменитыми духовными личностями Востока и Запада.

«Автобиография йога» представляет собой одновременно увлекательнейший рассказ о совершенно необыкновенной жизни и основательное введение в древнюю науку йоги с ее освященной веками традицией медитации. Автор четко объясняет тонкие, но неизменно действующие законы, стоящие как за обыкновенными событиями повседневной жизни, так и за необыкновенными, которые принято называть чудесами. Захватывающее повествование об удивительной жизни перетекает в проникновенный и незабываемый экскурс в глубочайшие тайны человеческого бытия.

«Автобиография йога», уже ставшая современной классикой, переведена более чем на пятьдесят языков и широко используется в колледжах и университетах в качестве авторитетного справочника. Неизменный бестселлер со дня своего появления в печати более семидесяти лет назад, она нашла свой путь к сердцам миллионов читателей во всем мире.

«Исключительно ценная работа»

— *The New York Times*

«Очаровательное, снабженное исчерпывающими комментариями исследование»

— *Newsweek*

«Ни на английском, ни на каком-либо другом европейском языке йога еще не была представлена подобным образом»

— *Columbia University Press*

www.ingramcontent.com/pod-product-compliance
Lightning Source LLC
Chambersburg PA
CBHW031438040426
42444CB00006B/877